カンタンかわいい！ 子どもがよろこぶ！

保育の イラストカード＆ポスター

CD-ROM 付

カラー・モノクロ
両収録！
Windows 対応

イクタケ マコト 著

学陽書房

この本の使い方

園生活のさまざまな場面で役立つイラストカード＆ポスター集です。
そのままコピーしたり、付属のCD-ROMを使用したりして、いろいろにご活用ください。
CD-ROMデータについては、p.89の「CD-ROMを使用する前に」をご覧ください。

イラストカード

人やものの呼び方・名前の学習や
生活マナー、安全のためのルール、
活動の流れの説明など、多目的に
活用できるイラストカードを収録
しています。かわいいイラストで、
子どもに分かりやすく提示するこ
とができます。

手渡しカード＆ポスター

毎日の園生活や季節の行事などを
楽しく盛り上げ、子どもたちがよ
ろこぶ手渡しカードやポスターな
どを収録しています。大きく印刷
して教室の壁に貼ったり、イベン
トを華やかにするデコレーション
として活用できます。

■ ファイル形式について

本書に掲載しているイラストカード＆ポス
ターは、すべてPDFデータ（.pdf形式）で収
録されています。

■ カラーについて

付属CD-ROM内のPDFデータには、すべて
カラー版とモノクロ版があります。カラー版
はファイル名の末尾に「c」が、モノクロ版は
ファイル名の末尾に「m」が付いています。

この本の見方

A〜E章

章・項目名 ——
章とその項目の名前を
記載しています。

切り取り線 ——

ページ番号 ——

F章 （p.76〜88）

ファイル名 ——
p.76〜88のデータにつ
いては、このナンバーが
付属CD-ROMに入ってい
るファイル名です。

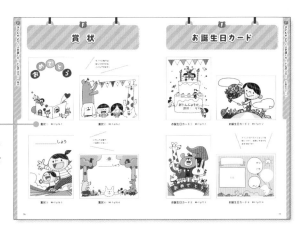

使いたいものをCD-ROMに入っているデータを使用して印刷したり、ページをそ
のままカラーコピーしたりして使用してください（きれいにコピーするポイント
は、本をしっかり開くことです）。白黒で使用したい場合は、付属のCD-ROM収
録のデータから印刷してください。

もくじ

A 生活

こんにちは　　あさのかい

B 食事＆食育

ごはん　　はしをひとにむけない

C 手順

しゃつをしまう　　ぼたんをとめる

みずでてをぬらす　　せっけんをあわだてる

D あそび&行事

おりがみ

にゅうえんしき

E イラストカード素材

ちゅーりっぷ

いぬ

F 子どもがよろこぶ手渡しカード&ポスター

A

生活

園生活に必要な人物の呼び方や挨拶、1日の流れ、安全に過ごすための注意点を説明するイラストです。さまざまな場面で多目的に使えます！

目的によってはイラストのみでも！

ぼく

わたし

せんせい

せんせい

● **データ出力でもコピーでも！**：付属の CD-ROM には、使いたいページごとのカラーデータとモノクロデータの両方が収録されています。また、しっかり本を開いてコピーすることでそのまま活用することもできます。

おとうさん

おかあさん

おじいちゃん

おばあちゃん

おにいちゃん

おねえちゃん

おとうと

いもうと

あかちゃん

あかちゃん

０さい

１さい

✂ 使い方
アイデア ● **ぬりえにも！**：付属の CD-ROM にはモノクロデータも収録されています。適度なサイズに拡大して、ぬりえにしても子どもたちに喜ばれます。

A 生活 人

２さい

３さい

４さい

５さい

６さい

しょうがくせい

おはようございます

こんにちは

こんばんは

さようなら

いってきます

いってらっしゃい

✂ **使い方アイデア**　● **マナーやルールが身につく！**：目にとまりやすい場所に貼って、子どもが気づくように、身につくように伝えていきましょう。

ただいま

おかえりなさい

ありがとう

どういたしまして

ごめんなさい

おやすみなさい

うれしい

たのしい

おこる

かなしい

なく

こまる

使い方アイデア　● **ホワイトボードで活用！**：イラストの裏にマグネットなどを貼れば、ホワイトボードなどの掲示にも使えます。

いたい

やめて

たつ（きをつけ）

たつ（やすめ）

あるく

はしる

とまる

せいれつ

わりこむ

てをつなぐ

えんになる

このじのかたちになる

使い方
アイデア

● **アレンジはいろいろ！**：それぞれのイラストを台紙やマグネットに貼ったり、ラミネート加工したりすれば、丈夫なうえに多目的に使えます。リングカードにしてめくりながら活用するとバリエーションも高まります。

はくしゅをする

あくしゅをする

てをあげる

たいいくずわり

あおむけ

うつぶせ

いすにすわる

あさのかい

はなしをきく

しずかにする

へやであそぶ

えんていであそぶ

さ ん ぽ

さ ん ぽ

お ひ る ね

か え り の か い

と け い

て る て る ぼ う ず

はれ

くもり

あめ

かみなり

たいふう

ゆき

使い方
アイデア

● 他の章からも！：「手洗い」「うがい」「歯みがき」「トイレ」「鼻のかみかた」は、C章
（p.39 ～ 47）にあります。

にじ

たいおんけい

かぜ

せき

きもちがわるい

ますくをする

きりきず

はなぢ

しんちょうそくてい

たいじゅうそくてい

ばいきん

とまる

使い方アイデア ● **教材としても！**：そのまま切りはなさずに、ルールの説明や訓練用の教材として活用しても便利です。

みぎをみる

ひだりをみる

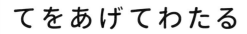

てをあげてわたる

せんのうちがわをあるく

あおしんごう

あかしんごう

食事＆食育

子どもたちの体の成長に必要な食に関するイラストです。マナーや食育など食べることの大切さも伝えることができます！

学びにも
あそびにも
使えます！

ごはん

おにぎり

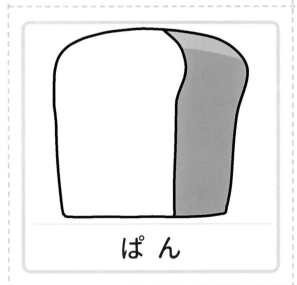

ぱん

みそしる

使い方 アイデア ● **カードあそびで子どもが喜ぶ！**：同じイラストを 2 枚ずつ切って、絵合わせなどのあそびにもすると楽しく使えます。

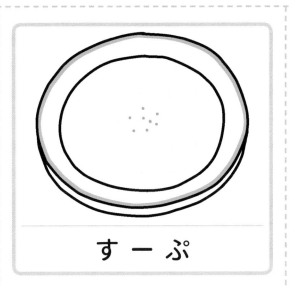

すーぷ

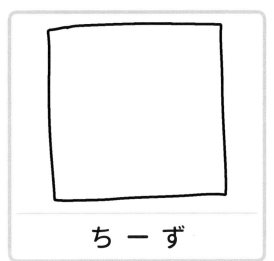

ちーず

よーぐると

ぷりん

さらだ

かれーらいす

だいこん

にんじん

たまねぎ

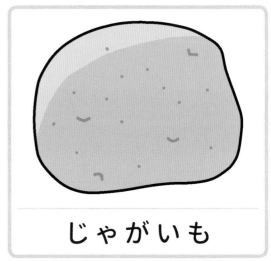

じゃがいも

とまと

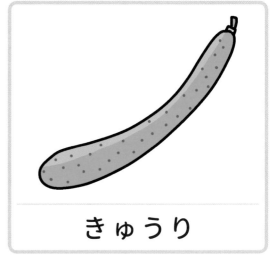

きゅうり

使い方
アイデア

● 他の章からも！：「りんご」「おれんじ」「もも」「きういふるーつ」は、p.33 にあります。

ぴーまん

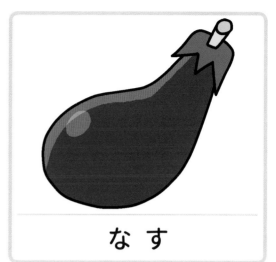

なす

かぼちゃ

とうもろこし

いちご

ばなな

ぶ ど う

れ も ん

す い か

め ろ ん

さ く ら ん ぼ

き の こ

さ か な

わ か め

きゅうしょく

お べ ん と う

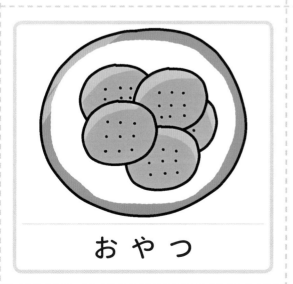

お や つ

け ー き

おはし

すぷーん

ふぉーく

おさら

こっぷ

かっぷ

おちゃわん

おわん

すいとう

ほにゅうびん

おしぼり

てーぶるをふく

いただきます

ごちそうさまでした

くちをふく

くちをとじてたべる

はしでささない

はしをひとにむけない

✂ 使い方 アイデア ● **教材としても！**：そのまま切りはなさずに、マナーの説明など教材として活用しても便利です。

はしをくわえてあるかない

さんかくたべ

あか
（からだをつくるもとになる）

きいろ
（えねるぎーのもとになる）

みどり
（からだのちょうしをととのえるもとになる）

たまご

ぎゅうにゅう

にゅうせいひん

こむぎ

そば

だいず

くるみ

✂ **使い方 アイデア** ● **職員間の情報共有アイテムに！**：食物アレルギーなど配慮が必要な子どもの名前とイラストカードを対応させて、職員全員が確認できるように活用するのもおすすめです。

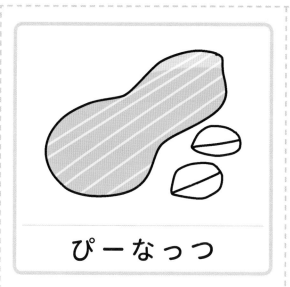

ぴーなっつ

りんご

おれんじ

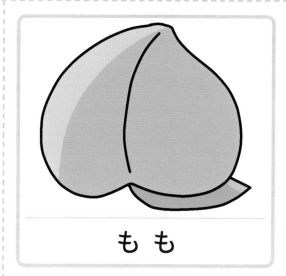

もも

きういふるーつ

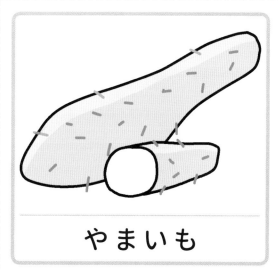

やまいも

まつたけ

ぎゅうにく

ぶたにく

とりにく

さけ

さば

いくら

いか

えび

かに

あわび

ぜらちん

手 順

子どもたちが心地よく過ごしていくための生活手順を、ひとつひとつ分かりやすくイラスト解説。正しく身につけさせていく指導に役立ちます！

分かりやすい掲示で、身につく！ 役立つ！

くつ

くつをはく

かかとをつぶす

ぎゃくにはく

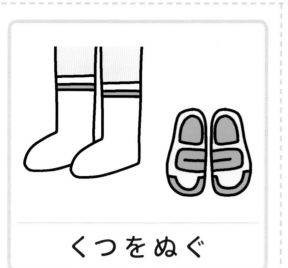

くつをぬぐ

くつをそろえる

ばらばら

うわばき

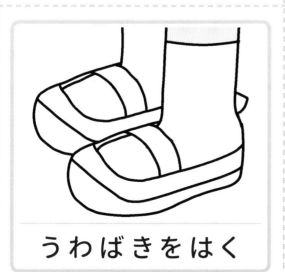

うわばきをはく

ながぐつ

くつした

くつしたをはく

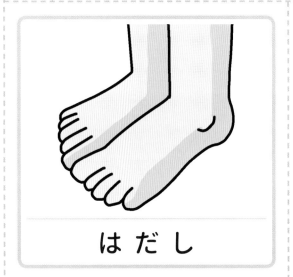

はだし

きがえる

しゃつをしまう

しゃつがでている

使い方アイデア ● 他の章からも！：「保健」のイラストカードは、A章（p.19〜20）にあります。

ぼたんをとめる

ぼたんがずれている

ふくをたたむ

そでをまくる

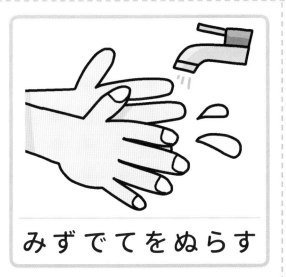

みずでてをぬらす

せっけんをつける

せっけんをあわだてる

てのひらをあらう

てのこうをあらう

ゆびのあいだをあらう

つめをあらう

てくびをあらう

使い方アイデア

● **アレンジはいろいろ！**：それぞれのイラストを台紙やマグネットに貼ったり、ラミネート加工したりすれば、丈夫なうえに多目的に使えます。リングカードにしてめくりながら活用するとバリエーションも高まります。

きれいにあらいながす

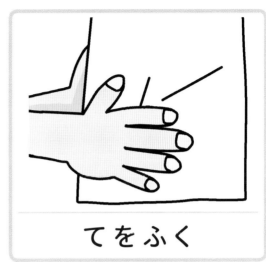

てをふく

びしょびしょ

ふくでふかない

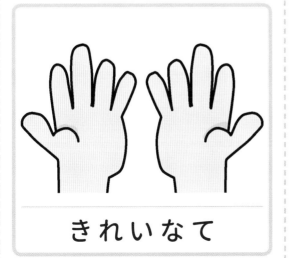

きれいなて

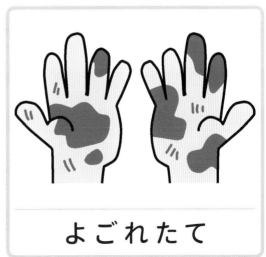

よごれたて

てふきたおる

せっけん

せっけん

じゃぐち

みずがだしっぱなし

みずをとめる

✂ 使い方
アイデア
● **ホワイトボードで活用！**：イラストの裏にマグネットなどを貼れば、ホワイトボードなどの掲示にも使えます。

がらがらうがい

ぶくぶくうがい

はをみがく

みぎした

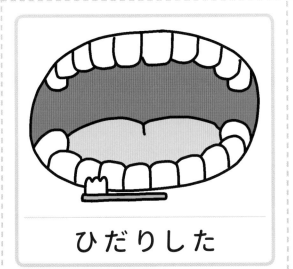

ひだりした

みぎうえ

ひだりうえ

まえばのうら

みぎよこ

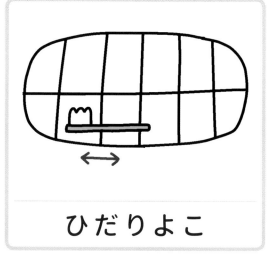

ひだりよこ

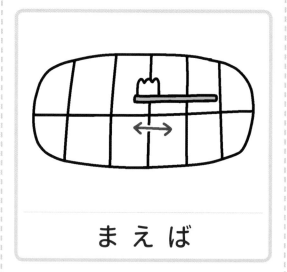

まえば

きれいなは

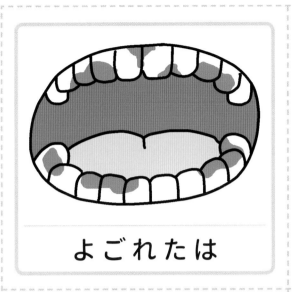

よごれたは

はぶらし

はみがきこ

すわってする

たってする

ぱんつをおろす

ぱんつをはく

たつところ

といれっとぺーぱー

かみをたたむ

おしりをふく

みずをながす

はなをかむ

はなをつまんでいきをすう

かたはなずつやさしくかむ

りょうはなをつよくかむ

てぃっしゅ

はんかち

ひなんくんれん

「お」さない

「か」けない

「し」ゃべらない

「も」どらない

つくえのしたにかくれる

使い方アイデア ● **教材としても！**：そのまま切りはなさずに、非常時に備えたルールの説明や訓練用の教材として活用しても便利です。

くちをおおう

ずきんをかぶる

へるめっとをかぶる

せんせいのちかくにあつまる

からだをひくくする

ひろいところへいく

D

あそび&行事

園生活でのさまざまなあそびや季節の行事などのかわいいイラストが満載！　それぞれの場面で多目的にご活用ください！

教室や園内の飾りにすると明るくなります！

おりがみ

ねんど

えほん

おままごと

なわとび

おしくらまんじゅう

おにごっこ

すなあそび

すいぶんをとる

えんぴつ

けしごむ

がようし

のり

はさみ

くれよん

ぺん

✂ 使い方アイデア

● **おかたづけ用の目印に！**：あそび用具やおもちゃ、本がある場所の目印として貼っておくと、子どもに一目でわかり、自主的に片づけられるようになります。

いろえんぴつ

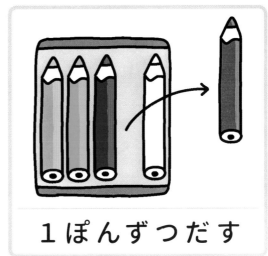

1 ぽんずつだす

はこにもどす

のりのりょう

のりのりょう

はさみをわたす

ひとにむけない

おかたづけ

ちらかっている

きれいにしまう

ぐちゃぐちゃ

ほんだなにしまう

✂ 使い方
アイデア

◈ **正しいルール提示として！**：使い方などの正しい例と悪い例を片づけ方と一緒に掲示すれば、整理整頓意識も高まっていきます。

きゃっぷをしめる

ふたをしめる

にゅうえんしき

こどものひ

たなばた

なつまつり

おとまりほいく

すいかわり

うんどうかい

えんそく

いもほり

はろうぃーん

◉ **カードあそびで子どもが喜ぶ！**：同じイラストを2枚ずつ切って、絵合わせなどのあそびにもすると楽しく使えます。

くりすます

おしょうがつ

もちつき

せつぶん（まめまき）

ひなまつり

そつえんしき

ははのひ

ちちのひ

けいろうのひ

おたんじょうびかい

おはなしかい

おたのしみかい

使い方
アイデア

● **ぬりえにも！**：付属の CD-ROM にはモノクロデータも収録されています。適度なサイズに拡大して、ぬりえにしても子どもたちに喜ばれます。

おやこさんかん

ほいくさんかん

げき

おんがくかい

プール

おみせやさん

イラストカード素材

園生活を楽しく盛り上げるかわいいイラスト素材を多数収録。イラストカードとしてはもちろんのこと、教室の彩りなどにアレンジしてご活用ください！

現場での
活用度が
高い素材が
いっぱい！

さくら

ちゅーりっぷ

たんぽぽ

つくし

くろーばー

しょうぶ

かーねーしょん

あじさい

あさがお

ひまわり

いちょう

もみじ

き

はっぱ

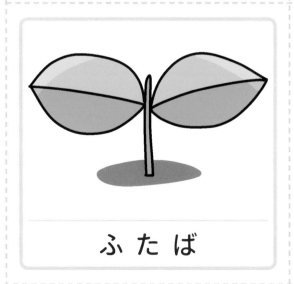

ふたば

まつぼっくり

● **カードあそびで子どもが喜ぶ！**：同じイラストを 2 枚ずつ切って、絵合わせなどのあそびにもすると楽しく使えます。

どんぐり

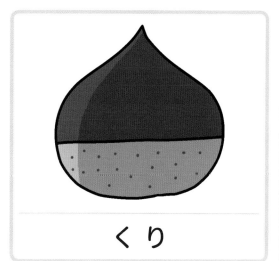

くり

あり

かたつむり

ちょうちょう

てんとうむし

せみ

かぶとむし

くわがた

とんぼ

ひよこ

にわとり

● **ぬりえにも！**：付属の CD-ROM にはモノクロデータも収録されています。適度なサイズに拡大して、ぬりえにしても子どもたちに喜ばれます。

つ　ば　め

あ　ひ　る

か　も　め

ふ　く　ろ　う

ぺ　ん　ぎ　ん

い　ぬ

ねこ

ねずみ

りす

うさぎ

きつね

たぬき

✂ **使い方アイデア**　● ペープサートにも！：イラスト部分を切り抜いて、割りばしなどを裏に付けると、かんたんペープサートとして紙しばいや絵本の読み聞かせなどでも使えます。

さ　る

ご　り　ら

ぶ　た

ひ　つ　じ

う　ま

き　り　ん

こあら

かんがるー

となかい

ぞう

とら

らいおん

くま

しろくま

ぱ　ん　だ

か　め

か　え　る

た　こ

いるか

くじら

じてんしゃ

ばいく

くるま

とらっく

ばす

でんしゃ

しんかんせん

ひこうき

よっと

ふね

ふきだし

ふきだし

ふきだし

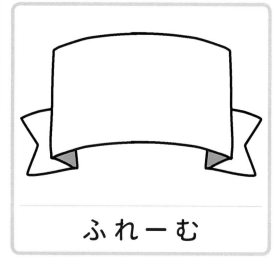

ふれーむ

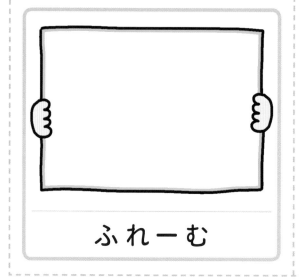

ふれーむ

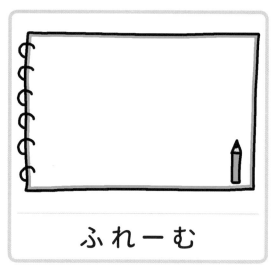

ふれーむ

F

子どもがよろこぶ
手渡しカード＆ポスター

子どもがもらってうれしいメダルや賞状、手渡しカードのほか、
行事の案内やルールなど、わかりやすく伝わるポスターも
かわいいイラストで！

メダル

**使い方
アイデア**

● **ネームホルダーに！**：名刺サイズに出力して、ビニール製のネームホルダーに入れると簡単に使えます。

賞状

賞状①　▶▶ f-p76-1

モノクロ版では
ぬりえをさせる
こともできます！

賞状②　▶▶ f-p76-2

賞状③　▶▶ f-p76-3

いろいろな賞で
ご活用ください！

賞状④　▶▶ f-p76-4

お誕生日カード

お誕生日カード① ▶▶ f-p77-1

お誕生日カード② ▶▶ f-p77-2

お誕生日カード③ ▶▶ f-p77-3

イベントのベストショットを
貼りつけて、記念にするのも
おすすめです！

お誕生日カード④ ▶▶ f-p77-4

ハロウィーンカード&クリスマスカード

ハロウィーンカード①　▶▶ f-p78-1

大きくプリントして
ポスターとして貼るのも
おすすめです！

ハロウィーンカード②　▶▶ f-p78-2

クリスマスカード①　▶▶ f-p78-3

クリスマスカード②　▶▶ f-p78-4

卒園メッセージカード

卒園メッセージカード① ▶▶ f-p79-1

寄せ書きの台紙にも
使えます！

卒園メッセージカード② ▶▶ f-p79-2

卒園メッセージカード③ ▶▶ f-p79-3

卒園メッセージカード④ ▶▶ f-p79-4

生活ルールポスター

生活ルールポスター① ▶▶ f-p80-1

生活ルールポスター② ▶▶ f-p80-2

生活ルールポスター③ ▶▶ f-p80-3

生活ルールポスター④ ▶▶ f-p80-4

生活ルールポスター⑤ ▶▶ f-p80-5

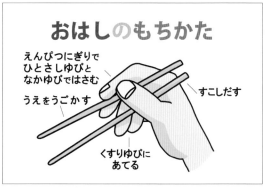

生活ルールポスター⑥ ▶▶ f-p80-6

生活ルールポスター⑦　▶▶ f-p81-1

生活ルールポスター⑧　▶▶ f-p81-2

生活ルールポスター⑨　▶▶ f-p81-3

生活ルールポスター⑩　▶▶ f-p81-4

生活ルールポスター⑪　▶▶ f-p81-5

顔の名前ポスター

顔の名前ポスター① ▶▶ f-p82

からだの名前ポスター

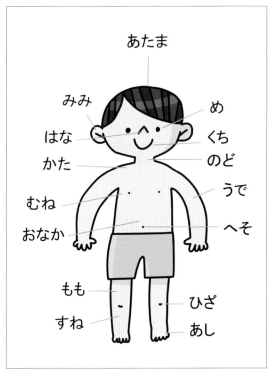

からだの名前ポスター① ▶▶ f-p83-1

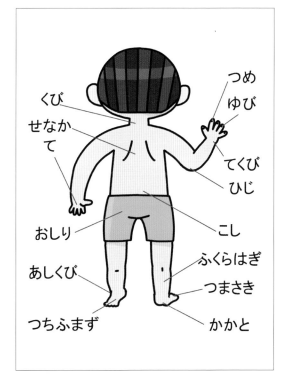

からだの名前ポスター② ▶▶ f-p83-2

行事用ポスター

受付

行事用ポスター① ▶▶ f-p84-1

園児席

行事用ポスター② ▶▶ f-p84-2

保護者席

行事用ポスター③ ▶▶ f-p84-3

来賓席

行事用ポスター④ ▶▶ f-p84-4

駐輪場

行事用ポスター⑤ ▶▶ f-p84-5

駐車場

行事用ポスター⑥ ▶▶ f-p84-6

休憩所

行事用ポスター⑦ ▶▶ f-p85-1

救護

行事用ポスター⑧ ▶▶ f-p85-2

ビデオ

行事用ポスター⑨ ▶▶ f-p85-3

カメラ席

行事用ポスター⑩ ▶▶ f-p85-4

携帯OFF

行事用ポスター⑪ ▶▶ f-p85-5

お静かに

行事用ポスター⑫ ▶▶ f-p85-6

ゴミは
持ち帰りましょう

行事用ポスター⑬ ▶▶ f-p85-7

入園式や卒園式、季節の行事など、多くの保護者などが集まるときのご案内やマナーの呼びかけに役立ちます。

数字&色の名前ポスター

数字ポスター①
▶▶ f-p86-1

数字ポスター②
▶▶ f-p86-2

数字ポスター③
▶▶ f-p86-3

数字ポスター④
▶▶ f-p86-4

数字ポスター⑤
▶▶ f-p86-5

数字ポスター⑥
▶▶ f-p86-6

数字ポスター⑦
▶▶ f-p86-7

数字ポスター⑧
▶▶ f-p86-8

数字ポスター⑨
▶▶ f-p86-9

数字ポスター⑩
▶▶ f-p86-10

数字ポスター⑪
▶▶ f-p86-11

色の名前ポスター①
▶▶ f-p86-12

色の名前ポスター②
▶▶ f-p86-13

色の名前ポスター③
▶▶ f-p86-14

色の名前ポスター④
▶▶ f-p86-15

色の名前ポスター⑤
▶▶ f-p86-16

色の名前ポスター⑥
▶▶ f-p86-17

色の名前ポスター⑦
▶▶ f-p86-18

色の名前ポスター⑧
▶▶ f-p86-19

色の名前ポスター⑨
▶▶ f-p86-20

色の名前ポスター⑩
▶▶ f-p86-21

色の名前ポスター⑪
▶▶ f-p86-22

色の名前ポスター⑫
▶▶ f-p86-23

色の名前ポスター⑬
▶▶ f-p86-24

色の名前ポスター⑭
▶▶ f-p86-25

お誕生日表

世界のいろいろなお話に
なっています！

お誕生日表①　▶▶ f-p87-1

お誕生日表②　▶▶ f-p87-2

お誕生日表③　▶▶ f-p87-3

お誕生日表④　▶▶ f-p87-4

お誕生日表⑤　▶▶ f-p87-5

お誕生日表⑥　▶▶ f-p87-6

お誕生日表⑦　▶▶ f-p87-7

お誕生日表⑧　▶▶ f-p87-8

お誕生日表⑨　▶▶ f-p87-9

お誕生日表⑩　▶▶ f-p87-10

お誕生日表⑪　▶▶ f-p87-11

お誕生日表⑫　▶▶ f-p87-12

お誕生日表⑬　▶▶ f-p87-13

ひらがな＆アルファベット表

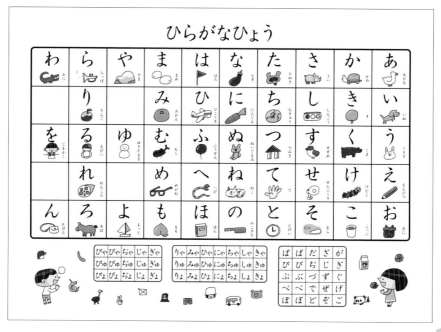

ひらがな表　▶▶ f-p88-1

A3 サイズに
印刷できます！

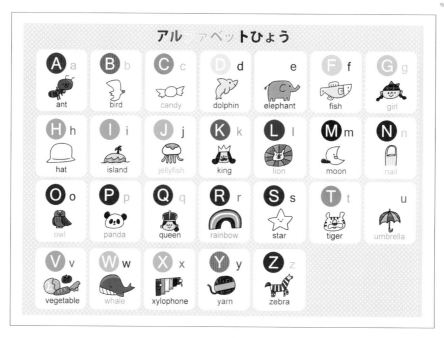

アルファベット表　▶▶ f-p88-2

付属CD-ROMには、本書で紹介した
イラストカードやポスターが入っています。
使用する前に、下記の「収録データについて」
「ご利用上の注意」「CD-ROMの構成」および
巻末（p.95）の「CD-ROMのご利用に際して」を
必ずお読みください。

付属CD-ROMに収録されているデータは、すべてPDF形式です。

データは、Windowsを使用することを前提にしており、Macintoshでの
動作については保証いたしかねますので、ご了承ください。また、お使いの
パソコンやOS、アプリケーションのバージョンによっては操作方法や画面
表示が異なったり、レイアウトが崩れる場合がありますので、予めご了承く
ださい。

※Windowsは米国Microsoft Corporation.の登録商標、Adobe AcrobatはAdobe Systems Incorporated
　の登録商標です。掲載されている製品名は、各社の登録商標または商標です。本書では、™、®、©の表
　示を省略しています。

ご利用上の注意

★ 画像について

　付属CD-ROMに収録されている画像データは、A4サイズの用紙で印刷することを基本に作成しています。それ以上に拡大すると、画像が荒れてイラストの線がギザギザに見える場合がありますので、ご了承ください。

　カラーのデータは、パソコンの環境やプリンタの設定等で、印刷した色調が本書に掲載している色調と多少異なることがあります。

　また、ソフトウェアによってはレイアウトが崩れたり、極端なサイズ違いで表示されることもあります。

　付属のCD-ROMに収録されているデータについてのサポートは行っておりません。

★ 動作環境

　CD-ROMドライブを内蔵または外付けしており、PDF形式のデータが問題なく動作しているパソコンでご使用いただけます（PDFデータを開くには、Adobe Systems Incorporatedが配付しているAdobe Acrobat Readerが必要です。Adobe Systems Incorporatedのホームページより無料でダウンロードできます）。なお、処理速度が遅いパソコンでは動作に時間がかかる場合もありますので、ご注意ください。

　付属CD-ROMは音楽CDではありません。オーディオプレイヤーなどで再生しないでください。

　CD-ROMの裏面を傷つけると、データが読み取れなくなる場合がありますので、取り扱いには十分ご注意ください。

　また、Macintoshでの動作については保証いたしかねますので、ご了承ください。

★ 使用許諾範囲について

　付属CD-ROMに収録されているデータ等の著作権は、イクタケマコトに帰属し、お客様に譲渡されることはありません。また、付属CD-ROMに含まれる知的財産権もイクタケマコトに帰属し、お客様に譲渡されることはありません。

　本書および付属CD-ROMに収録されたデータは、無断で商業目的に使用することはできません。購入された個人または法人・団体が営利目的ではない私的な目的（園内や自宅などでの利用）の場合のみ、本書および付属CD-ROMを用いて印刷物を作成することができます。

※ご使用の際に、クレジット表記や使用申請書提出の必要はありません。

CD-ROMの構成

付属CD-ROMのデータは、本書と同じA〜F章の各フォルダに収録しています。

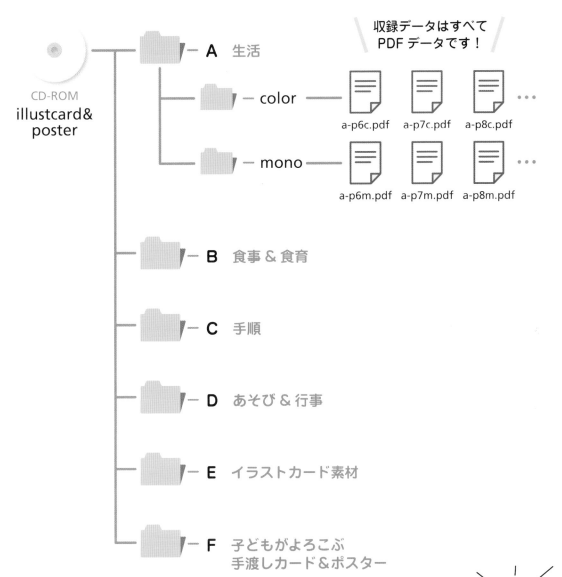

収録データはすべて
PDFデータです！

CD-ROM
illustcard&
poster

A 生活

color —— a-p6c.pdf　a-p7c.pdf　a-p8c.pdf ···

mono —— a-p6m.pdf　a-p7m.pdf　a-p8m.pdf ···

B 食事 & 食育

C 手順

D あそび & 行事

E イラストカード素材

F 子どもがよろこぶ
手渡しカード＆ポスター

- カラー版のファイル名は末尾に「c」が付いています。
- モノクロ版のファイル名は末尾に「m」が付いています。

CD-ROMの開き方

付属CD-ROMから使いたいイラストカードや
手渡しカード＆ポスターを開く手順を簡単に説明します。
ここでは、Windows10を使った手順を紹介します。

※お使いのパソコンの動作環境によっては操作の流れや画面表示が異なる場合があります。予めご了承ください。

《 イラストカード 》

例として、「A章　生活」のp.6のカラー版で操作方法
を紹介します。

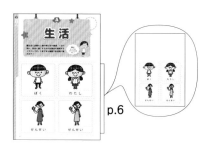

p.6

① パソコンにCD-ROMをセットする

CD-ROMが起動し、自動再生ダイア
ログが出たら、「フォルダーを開いて
ファイルを表示」をクリックします。
自動再生されない場合は、「スタート」
→「エクスプローラー」→「PC」→
「illustcard＆poster」をクリックし
ます。

② 「章」のフォルダを開く

右図のように、各章（A～F）のフォ
ルダが表示されます。今回は使用す
るイラストカードがA章のフォルダ
の中にあるので、「A」を選択してダ
ブルクリックします。

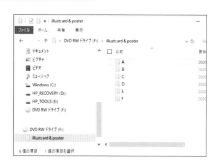

③ カラー版を選択する

A章のフォルダをダブルクリックすると、カラー（color）と白黒（mono）のフォルダが表示されます。今回はカラー版なので、「color」のフォルダをダブルクリックします。

④ 使いたいファイルを選んで開く

右図のように、A章の「color」の中のフォルダから「a-p6c.pdf」を選ぶと、本書のp.6のカラーデータが開きます。

⑤ PDFデータを印刷する

「ファイルを印刷」のアイコンまたは「ファイル」→「印刷」をクリックし、印刷の設定画面を表示します。用紙の大きさを設定し、他の要素も確認したら、「印刷」をクリックします（用紙サイズなどを変更するときは、プリンターの「プロパティ」をクリックして詳細を設定します）。

オリジナルのイラストで

手作りカードに
チャレンジ！

*本ページをコピーして、いろいろにご活用
ください。

著者紹介

イクタケマコト

福岡県宮若市出身。教師生活を経てイラストレーターに転身。
教科書や教材のほか、広告などのイラストを手がける。
また、主夫として毎日の家事にも励んでいる。
現在、横浜市在住。

著書
『中学・高校イラストカット集1200』（学事出版）
『主夫3年生』（彩図社）
『まいにち哲学カレンダー』（学事出版）

制作実績
『たのしいせいかつ』『たのしいほけん』（大日本図書）
『ほけんイラストブック』（少年写真新聞社）他、
教科書教材多数。
共和レザー株式会社、国分グループ本社株式会社、
三井住友建設株式会社、東京都、神奈川県他、
広告イラスト多数。

HP　　http://ikutake.wixsite.com/makoto-ikutake
mail　neikonn@yahoo.co.jp

カンタンかわいい！ 子どもがよろこぶ！
保育のイラストカード＆ポスター
CD-ROM付

2020年3月26日　初版発行

著　　者　イクタケマコト
発 行 者　佐久間重嘉
発 行 所　学陽書房
　　　　　〒102-0072　東京都千代田区飯田橋1-9-3
　　　　　営 業 部　TEL 03-3261-1111　FAX 03-5211-3300
　　　　　編 集 部　TEL 03-3261-1112
　　　　　振替口座　00170-4-84240
　　　　　http://www.gakuyo.co.jp/

デザイン　佐藤明日香（スタジオダンク）
印　　刷　加藤文明社
製　　本　東京美術紙工

● CD-ROMのご利用に際して

ご利用の際は、p.89〜91の「CD-ROMを使用する前に」
をお読みいただき、内容にご同意いただいた上でご利用
ください。

＊本書収録内容および付属CD-ROMに収録されている
　データ等の内容は、著作権法上、その一部または全部
　を、無断で複製・コピー、第三者への譲渡、インター
　ネットなどで頒布すること、無断で商業目的に使用す
　ることはできません。

ただし、図書館およびそれに準ずる施設での閲覧・
館外貸し出しは可能です。その場合も、上記利用条
件の範囲内での利用となります。

免責事項
本書及び付属CD-ROMのご使用によって生じたトラ
ブル・損害・被害等のいかなる結果にも、学陽書房
およびイクタケマコトは一切の責任を負いません。

大好評！ イクタケマコト の本

本書と合わせてご活用ください！

『カンタンかわいい
小学校テンプレート＆イラスト
CD-ROM 付
——低・中・高学年すべて使える！』
(学陽書房)

本書もくじのイラストをはじめ
イクタケマコトが教師時代に
小学校の現場で実際に使っていた
かわいいイラストが満載。

『1 年中使えてカンタン便利！
小学校 学級経営
いろいろテンプレート
DVD-ROM 付』
(学陽書房)

学級経営をしていく中で
活用頻度が高いテンプレートを
厳選収録。
そのままコピーできる
ページもあって使い勝手抜群！

『GIF アニメも収録！
子どもがワクワク喜ぶ！
小学校 教室グッズ＆テンプレート
DVD-ROM 付』
(学陽書房)

使用頻度が高い定番素材はもちろん
のこと、子どもがワクワク喜び、ク
ラスを楽しく盛り上げる教室グッ
ズ、また、ICT 授業などで使える
GIF アニメも収録し、どの学年の担
任になってもフル活用できます。